MICHEL BRÛLÉ

C.P. 60149, succ. Saint-Denis
Montréal (Québec) H2J 4E1
Téléphone : 514 680-8905
Télécopieur : 514 680-8906
www.michelbrule.com

Maquette de la couverture et mise en pages :
Jimmy Gagné, Studio C1C4
Révision : Nicolas Therrien, Élyse-Andrée Héroux
Correction : Annie-Christine Roberge

Distribution : Prologue
1650, boul. Lionel-Bertrand
Boisbriand (Québec) J7H 1N7
Téléphone : 450 434-0306 / 1 800 363-2864
Télécopieur : 450 434-2627 / 1 800 361-8088

Distribution en Europe : D.N.M. (Distribution du Nouveau Monde)
30, rue Gay-Lussac
75005 Paris, France
Téléphone : 01 43 54 50 24
Télécopieur : 01 43 54 39 15
www.librairieduquebec.fr

Les éditions Michel Brûlé bénéficient du soutien financier du gouvernement
du Québec – Programme de crédit d'impôt pour l'édition de livres – Gestion
SODEC et sont inscrites au Programme de subvention globale du Conseil des
Arts du Canada. Nous reconnaissons l'aide financière du gouvernement du
Canada par l'entremise du Programme d'aide au développement de l'industrie
de l'édition (PADIÉ) pour nos activités d'édition.

Société
de développement
des entreprises
culturelles
Québec

ASSOCIATION
NATIONALE
DES ÉDITEURS
DE LIVRES

Bibliothèque et Archives nationales du Québec
Bibliothèque nationale du Canada
ISBN : 978-2-89485-459-4

La saga du monde

tome 2

TABLE DES MATIÈRES

LA SAGA DU MONDE

François BELLAVANCE

Maxence (de 306 à 312) et Licinius (de 308 à 324) ont tous deux été empereurs romains. Andrinople, aujourd'hui Edirne, est une ville limitrophe de la Bulgarie et de la Grèce. L'**édit de Milan** a proclamé la liberté de conscience.

Les **ariens**, partisans de l'arianisme, niaient la consubstantialité du Père avec le Fils.

Théodose (de 379 à 395) a été le dernier empereur romain à régner sur un empire réunifié.

(DE 306 À 812)
BYZANCE

Vainqueur de Maxence au pont Milvius
Et, à Andrinople, de Licinius,
      Constantin prend Rome et l'Orient.
L'**édit de Milan** libère la pensée.
Les chrétiens sèment leurs geôliers.
      Même l'empereur joint leurs rangs.

Byzance, la capitale, change de nom.
Constantinople désormais donne le ton
      Au nouvel empire grec et latin.
Le premier concile de Nicée
Tente de réunir des ennemis jurés :
      Chrétiens et **ariens.**

Constantin tombe. Vingt hommes se succèdent
À la tête d'une puissance qui cède
      Aux Barbares tout son Occident.
Le christianisme fait boule de neige
Et **Théodose**, sur son haut siège,
      Le propage aux quatre vents.

Justinien (de 527 à 565) a été un des plus grands dirigeants de l'Empire byzantin. « Croire aux **trois** » signifie croire à la Trinité.

LES ROIS FRANCS ET

Mérovée (412-457) était un prince franc mérovingien. **Clovis** (de 466 à 511) a été le premier roi des Francs Saliens.

Pépin le Bref (715-768) a été roi des Francs de 751 à sa mort. Les Carolingiens ont formé une dynastie de rois francs qui devaient leur nom à leur illustre ancêtre, **Charlemagne**, qui fut roi des Francs de 768 à 814.

Constantinople rayonne de culture et d'exploits.
De Rome, Justinien codifie le droit.
Tous doivent croire aux **trois**.
Après Justinien, la mer arabe engloutit
L'Égypte, la Palestine et la Syrie,
Mais sur la capitale un brouillard froid

Enveloppe statues, figures et idoles
Du Christ, de la Vierge et des saints...

CHARLEMAGNE (DE 732 À 887)

À la mort du fondateur, **Clovis**,
De Mérovée le petit-fils,
Le royaume franc se fracasse :
Neustrie, Austrasie, Aquitaine et Bourgogne
Voient le temps-marteau qui cogne
Sur le vieux clou de la race.

Le clou rouillé casse.
Pépin le Bref le remplace :
Les Carolingiens jaillissent de son ventre.
Charlemagne devient légendaire.
Ses victoires colossales, ses lourds revers,
Sont chantés dans tous les centres.

Les Vascons étaient un peuple habitant l'actuelle Navarre. Olivier était un courageux chevalier, tandis que **Ganelon** n'a jamais commis les gestes dont on l'accusa et qui firent de lui un traître, selon la légende.

La **Bavière** est une partie de l'actuelle Allemagne. Les Lombards étaient un peuple germanique venu de la Baltique.

Sous la pression de l'Église, on a créé les premières universités où on enseignait la théologie et les grands textes de l'**Antiquité**, philosophiques ou autres. Les professeurs et les étudiants se rendaient d'ailleurs à Cordoue ou Byzance pour les consulter.

Louis le Pieux (778 – 840), le fils de Charlemagne, a été empereur d'Occident de 814 à sa mort, et Lothaire I (795 – 855), roi de Francie médiane.

L'expression « semeur défié par la semence » est un emprunt à Victor Hugo. Louis le Pieux a eu trois fils : Lothaire, Charles et Louis. Il a désigné **Lothaire** comme héritier du trône, tandis que Charles a hérité de l'Aquitaine et Louis, de la Bavière.

Il perd, à Roncevaux, son neveu Roland
Surpris dans le terrible guet-apens
        Tendu par les Vascons.
La chanson de geste porte le nom
De cet ami d'Olivier, trahi par **Ganelon,**
        Corrompu, jaloux et félon...

Maître de la guerre, cruel dans la victoire,
Il reprend la **Bavière**, devient roi des Lombards,
        Repousse les musulmans jusqu'en Espagne.
Il conquiert la Saxe et Barcelone.
Ses coups sourds fortement résonnent
        Dans la vallée de Cerdagne.

Dans l'empire, le roi par Dieu est légitime
Et rejoint l'humain abîme
        Dans la chrétienté
Où les évêques, des villes aux villages,
Désignent le fou comme le sage,
        Enseignent la foi et l'**Antiquité**.

Aussi reconnu par Dieu,
Louis le Pieux
Réserve à son fils Lothaire
Le titre avant ses frères.

Le semeur est défié par la semence.
À sa mort, on partage le royaume immense :
Lorraine, France et Germanie,
Entre **Lothaire**, Charles et Louis.

Cette époque annonçait
l'avènement du **féodalisme**.

L'Islam

Les musulmans disent de **Mahomet**, le prophète,
qu'il était talentueux et versatile.

Abu Bakr (573-634) était un dirigeant arabe, le
premier homme à embrasser l'islam, après la
femme de Mahomet. Il a été le premier **calife** (de
632 à sa mort), suivi d'Umar Ier (de 634 à 644).

Puis, réduit à néant,
Le pouvoir dans la nuit des temps
            S'enfonce.
Et une ère nouvelle, **féodale**,
Après l'éclatement général,
            S'annonce.

(DE 632 À 1258)
L'ISLAM

Mahomet rallie les tribus qui s'entrechoquent
Du peuple, dont les mœurs le choquent,
            Par la conversion ou la force.
Père, époux, chef de guerre,
Homme politique, il sait tout faire.
            Ses hommes bombent le torse.

Les compagnons du prophète choisissent
À sa mort le **calife**, et réussissent
            À maintenir droit le cap.
Après Abu Bakr, Umar joint à l'union
Les dernières tribus sans hésitation.
            C'est la dernière étape.

Ali (600-661) était le gendre du Prophète. Muawiya Ier était gouverneur de Syrie et le premier des **Omeyyades**, une dynastie de califes ayant régné sur le monde musulman de 661 à 750. Charles Martel, grand-père de Charlemagne, était duc d'Austrasie et souverain *de facto* du royaume des Francs.

Abû Muslim (718-755) était un agitateur de génie. Hârûn al-Rachîd a été calife de 786 à 809, et est un des personnages des ***Contes des mille et une nuits***. Les Abbassides formaient la dynastie de califes qui succéda à celle des Omeyyades.

On déclare Ali, le gendre du visionnaire,
Calife, ce qui enflamme son adversaire :
       Muawiya, premier **Omeyyade**.
L'empire élégant repart de plus belle.
Son ballon éclate sous le dard de Martel.
       L'anarchie a un goût fade.

« Aux armes ! Révolution ! » hurle Abû Muslim,
Faucheur des plus hautes cimes.
       Tous y passent, sauf un émir qui s'enfuit.
C'est l'âge d'or des Abbassides,
Le règne d'Hârûn al-Rachîd,
       Les *Mille et une nuits*.

Puis, tout explose. Sécession, révoltes des esclaves,
Le volcan du pouvoir crache sa lave...

L'Andalousie

Gibraltar (ou Tariq ibn Ziyad) était un chef berbère qui a franchi un détroit situé entre l'Espagne et le Maroc. Ce détroit, encore aujourd'hui, porte son nom : Jabal Tariq (montagne de Tariq).

Abd al-Rahman Ier (731-788) a été, de 756 à sa mort, le premier calife omeyyade indépendant du califat de **Cordoue.**

Le mot « **Al-Andalous** » est à l'origine du mot Andalousie, le centre européen de la civilisation musulmane et arabe, avec Grenade, Cordoue, Séville et Jaén. Les Almoravides étaient une dynastie berbère ayant régné aux XIe et XIIe siècles.

(DE 711 À 1492)
L'ANDALOUSIE

Après avoir vaincu l'Égypte millénaire
Et atteint l'Afrique berbère,
       Les hommes d'Umar bataillent ferme.
Ailleurs, **Gibraltar** franchit un détroit.
Au sud de l'Espagne, il impose sa loi.
       Le royaume wisigoth touche à son terme.

Abd al-Rahman, survivant omeyyade,
File à **Cordoue** et fonde, loin de Bagdad,
       Un émirat de saphirs.
Au chaud pays des toréadors,
Les Arabes sont les plus forts
       Jusqu'à la mort du jeune émir.

Puis, l'anarchie fractionne
Al-Andalous dont les joyaux rayonnent :
       Valence, Grenade, Séville...
Les chrétiens, vengeurs, ravissent Tolède.
« Au secours ! » Les Arabes appellent à l'aide.
       Les Almoravides battent le roi de Castille

Le roi de Castille et de León était Alphonse VI. Les **Almohades**, une dynastie berbère, ont dominé l'Afrique du Nord et l'Espagne au XIIe siècle. Saragosse est une ville du nord-est de l'Espagne.

Muhammad Ibn Tûmart (1080-1130) était le chef spirituel de farouches guerriers berbères menés par Abd al-Mu'min. Ya'qub al-Mansur fut le deuxième souverain almohade et régna de 1184 à 1199. À **Alarcos**, les musulmans l'ont emporté sur les forces chrétiennes. Il s'agit de leur dernière grande avancée dans la péninsule espagnole. La défaite des Almohades, à Tolosa, a marqué la reconquête.

Muhammad ben Nazar, dit le Vainqueur (1194-1273) a conquis, en 1238, Grenade où il a fondé un émirat. Abû'Abd Allâh Muhammad XI, appelé « **Boabdil** » par les Castillans, a été un des émirs de Grenade, de 1482 à 1492.

Et de León. Mais les **Almohades** du Maroc
Se dressent, gigantesques rocs,
       Et brisent l'empire tout juste réunifié.
Dans le gouffre, Saragosse tombe.
À Marrakech entrent en trombe
       Les fanatiques aux noires visées.

Après Ibn Tûmart, Ya'qub al-Mansur,
À **Alarcos** brillant, à Tolosa obscur,
       Perd toutes les villes.
Au Maghreb, seule Grenade survit
Jusqu'au mariage qui réunit
       L'Aragon et la Castille.

À Grenade, al-Ahmar gouverne habilement
Son peuple de chrétiens et de musulmans.
       Le royaume résiste plus de deux cents ans.
Le dernier des Nasrides, **Boabdil**,
En un ultime soupir de regret s'exile.
       On expulse les Juifs violemment.

LE SAINT EMPIRE ROMAIN

LE SAINT EMPIRE

Aix-la-Chapelle est une ville d'Allemagne. Otton Ier (912-973) était le fils d'Henri Ier de Germanie (876-936), surnommé l'**Oiseleur** à cause de sa passion pour la chasse au faucon.

L'Empire a colonisé et **converti** les peuples qui se trouvaient dans son giron.

Otton III (980-1002) a été roi des Romains et empereur germanique. Frédéric 1er de Hohenstaufen, dit Frédéric **Barberousse**, empereur romain germanique qui régna de 1155 à 1190, s'est opposé à la papauté et aux villes riches du nord de l'Italie. Son fils, Henri VI (de 1191 à 1197), a mené l'Empire à son apogée, alors que Frédéric II (de 1220 à 1250) a été le dernier empereur de la dynastie des Hohenstaufen.

Après Charlemagne,

À Aix-la-Chapelle, Otton devient roi
Et stoppe l'assaillant hongrois.
       Vive le fils de l'**Oiseleur**!
Ensuite, toute l'Italie se soumet
À celui qui exige désormais
       Que tous l'appellent « empereur ».

Tout autour de ses terres et de ses bois,
Les peuples païens, slaves ou hongrois,
       Tremblent, feuilles au vent.
On les **convertit**, on les colonise.
Seule résiste la Prusse qui se brise
       Comme un bonbon sous la dent.

« L'empire global ! » rêve Otton III...
Lui, président de tous les rois ?
       Ce vœu, les Investitures le lui volent.
Barberousse, Henri VI, le second Frédéric,
Les Hohenstaufen, toutes ces briques
       Du mur dégringolent.

En confirmant l'**Empire**, le pape le créait, en réalité.

Charles Quint a été le dernier empereur à demander au **pape** de le couronner.

L'Empire s'est attaqué aux peuples installés près de ses **frontières**.

Henri le Lion (1129-1195) a été duc de Saxe et de Bavière. Albert 1er de Ballenstädt, dit Albert l'Ours (1100-1170), a construit des forteresses, instauré l'aristocratie slave au sein de la noblesse allemande et renforcé l'autorité de l'Église. Albert de Buxhövden (1160-1229), évêque de Livonie, a fondé l'ordre des chevaliers Porte-Glaive (ou Frères de l'épée) dans le but de christianiser les populations baltes. Les chevaliers teutoniques ont pris le relais des Frères de l'épée lors de l'anéantissement de ce dernier ordre, à la bataille du Soleil, en Lituanie.

Pour Otton Ier, l'empereur règne, absolu.
Le pape se soumet au souverain élu
       Par les guerriers et les Grands.
Mais les cardinaux reprennent le contrôle.
Le pape se remet à jouer son rôle
       Et crée l'**Empire** éminent.

Les cardinaux prennent les élections en main;
Le **pape** devient roi des Romains
       Mais le temps s'écoule, inexorable.
La puissance de Rome devient chimère.
Quint est le dernier roi qui vénère
       L'Église jadis impériale.

Au-delà des **frontières** de l'Empire,
Païens, slaves ou hongrois, attirent
       L'empire chrétien démesuré.
La Bohême passe sous le joug ottonien.
Les princes hongrois et polonais tendent la main
       Aux conquérants déterminés.

Henri le Lion s'approprie le Mecklembourg.
Albert l'Ours s'empare, à Brandebourg,
       D'une forteresse slave unique.
Albert de Buxhövden fonde un évêché
À Riga et y installe les chevaliers
       Porte-Glaive et teutoniques.

L'Empire a créé des villages
avant le **Grand Interrègne**.

LA FRANCE,

LA FRANCE

Hugues Capet a été, de 987 à 996, le premier
souverain de la dynastie capétienne.
Charles de Lorraine était un des prétendants
au trône. C'est Hugues Capet qui a commandé
à l'évêque de Laon de s'en prendre à Charles III.
Robert II le Pieux (972-1031), le second Capétien,
a conquis, entre autres, la Bourgogne.

Le domaine royal s'est peu à peu accru, mais les
seigneurs ont tout de même gagné en puissance.

Les terres lourdes et inoccupées,
Par les charrues à soc soulevées,
      Ne découragent pas les colons.
On crée des villages entiers.
On érige des châteaux fortifiés,
      Sur les plaines ou à flanc de monts.

Puis, c'est l'éclatement féodal,
Le **Grand Interrègne**.

ROYAUTÉ FÉODALE (DE 987 À 1226)

ROYAUTÉ FÉODALE

Hugues, le premier des Capétiens,
Capture le prétendant carolingien,
      Charles de Lorraine.
Il fait sacrer roi son fils, Robert,
Qui, petit à petit, acquiert
      De nouveaux domaines.

Dans la lignée, Hugues met de l'ordre.
Ses fils toujours donneront les ordres,
      L'aîné d'abord,
Pendant que le royaume s'étire
Et que les **seigneurs** aspirent
      À un meilleur sort.

Les **princes** sont devenus indépendants.

Louis VI, dit le Gros (1081-1137),
était le cinquième Capétien.

Henri 1er (1031-1060) n'a laissé aucun descendant
mâle. Étienne de Blois, son neveu,
a usurpé le trône et plongé l'**Angleterre** dans une
guerre civile. Geoffroy V d'Anjou,
dit le Bel ou Plantagenêt (1113-1151), a fondé la
dynastie des Plantagenêt.

Un **croisé** était un chevalier du temps des
croisades. Louis VII le Jeune (1120-1180) a été le
dernier monarque à porter le titre de roi des
Francs, de 1137 à sa mort. Aliénor d'Aquitaine a été
reine de France, puis d'Angleterre.

Henri II (1133-1189) a été le premier roi anglais de la
dynastie des Plantagenêt. L'**empire angevin** était
contrôlé par cette même dynastie.

En ce temps-là, ces durs seigneurs
Plongent le Sud dans la terreur
   Et les **princes** brisent
Les longues chaînes et les lourds boulets
Des riches cours et des grands palais
   En pleine crise.

Le pouvoir royal se redresse.
Contre les seigneurs, tant de hardiesse !
   Contre les princes, les combats les plus beaux !
Louis VI se frotte aux maisons de Blois,
De Normandie et d'Auvergne. Vive le roi !
   Vive le Gros !

Quand Henri 1er meurt, Louis VI se plaît
Aux côtés de Geoffroy Plantagenêt,
Au détriment d'Étienne de Blois,
D'**Angleterre** le nouveau roi.

Les Capétiens redorent leur blason.
Louis, le septième de ce nom,
Croisé dans l'âme,
Prend Aliénor d'Aquitaine pour femme.

Mais leur frêle esquif sous les cumulus file,
Sur un océan houleux et stérile
   Aux flots malsains.
Portant la bague d'Henri II, Aliénor
Peut aisément suivre le grand essor
   De l'**empire angevin**.

Richard Ier d'Angleterre, dit **Cœur de Lion** (1157-1199), était le fils d'Henri II et d'Aliénor d'Aquitaine.

À l'époque, Louis VII et Henri II d'Angleterre étaient en guerre. Ils se sont réconciliés en 1158, mais cette **paix** n'a pas duré. En effet, Henri II s'en est pris au comté de Toulouse, mais Louis l'a forcé à lever le siège de la ville de Toulouse.

Le pape Alexandre III a fui devant l'empereur Frédéric Barberousse et l'antipape Victor IV (pape non reconnu). La **Germanie** était une région de l'Antiquité. Contrairement à ce qu'on pourrait croire, le territoire qu'elle couvrait ne correspond pas tout à fait à celui de l'Allemagne d'aujourd'hui.

Philippe II Auguste (1165-1223) a remporté de nombreuses victoires militaires.

Le fils qu'engendre cette union,
Le fameux Richard **Cœur de Lion**,
       Néglige l'Angleterre...
Il part en croisade, tambour battant.
À Acre, égorge trois mille musulmans
       Et devient enfin légendaire.

Louis VII garde Toulouse de justesse
Et ordonne la **paix**, sage maîtresse.
       Il sème les graines
Du retour à la loi de Sa Majesté
Qui fait régner l'ordre jadis contesté
       Sur ses domaines.

Comme son père, Louis soutient la papauté
Contre l'Angleterre et la **Germanie**, alliés
       Des princes entêtés.
Son royaume est un abri
Pour le pape qui vite s'enfuit
       Devant l'adversité.

Grimpe ! Grimpe ! Ô suzeraineté!
L'empire solennellement confirmé
       De **Philippe** Auguste vise le sommet,
Pendant que dorment les Plantagenêt,
Usés par les mutineries
       Des barons et des fils d'Henri.

Le surnom de Jean d'Angleterre (1167-1216), **Jean sans Terre**, vient de ce que son père ne lui a pas légué de terres, tout simplement.

Le « Lion lamentable » réfère à Louis VIII, dit le **Lion** (1187-1226), roi des Francs de 1223 à sa mort, et à sa défaite à Lincoln, en 1217.

Louis VIII à la Roche-aux-Moines rugit.
Jean sans Terre perd, peu après, la vie.
       Ainsi tombe Château-Gaillard,
Ainsi tombe la Normandie.
Le Poitou chute, la Loire aussi
       Mais l'Angleterre ensuite pare

L'attaque du **Lion** lamentable.
Le royaume lui glisse, comme du sable,
       Entre les doigts
Tandis que, dans le midi de la France,
Les croisés annexent la Provence,
       Morceau de choix.

LA FRANCE, DE SAINT

Blanche de Castille était la fille d'Aliénor d'Aquitaine et d'Henri II Plantagenêt. Elle a été régente de France à la suite de la mort de Louis VIII, en 1226. Louis IX, surnommé **saint Louis** (1214-1270), a développé, entre autres, la justice royale. Henri III, roi d'Angleterre (1207-1272) était le fils de Jean sans Terre.

Saint Louis a activement participé aux **croisades**.

Philippe III, dit le Hardi (1245-1285), roi de France de 1270 à sa mort, a tenté d'accroître le territoire de la France, comme ses prédécesseurs, et a mené, sans succès, la croisade d'Aragon. Le règne de Philippe IV, dit le Bel (de 1285 à 1314), a été marqué par ses conflits avec le pape. Les **Templiers** constituaient un ordre militaire et religieux du Moyen-Âge, fondé par les chevaliers chrétiens de l'époque.

À Louis XI (de 1226 à 1483)

LOUIS À LOUIS XI

Blanche de Castille protège son enfant
Contre les grands vassaux obéissant
        Au roi d'Angleterre, affamé.
Lorsque **saint Louis** devient majeur,
Henri III, à contrecœur,
        Cesse les hostilités.

Au retour d'Égypte, ce grand **croisé**
Négocie d'importants traités.
        Ambassadeur immense,
Par la peste à Tunis achevé,
Puis par le pape Boniface canonisé,
        Grâce à lui la paix avance.

Par dot ou héritage, le domaine royal,
Sous Philippe III et IV, devient colossal.
        Mais la guerre contre les Anglais
Et la rude récession déstabilisent
Ce royaume où le Bel dévalise
        Les **Templiers** et le clergé français.

Le **roi** pouvait prendre toute décision
pour le profit de tous.

À la **mort** de Philippe IV, la petite monarchie
capétienne dirigeait le pays le plus riche,
le plus peuplé, le mieux organisé
et le plus prestigieux d'Europe.

Les fils de Philippe n'ont pas engendré d'**héritiers**.

Édouard III (1312-1377), roi d'Angleterre à compter
de l'an 1327, a été l'initiateur de la guerre
de Cent Ans, pendant que **Philippe** VI de
Valois régnait en France, de 1328 à 1350.

Le **roi**, après la mort de Boniface,
S'élève au-dessus de la masse,
                    Implacable.
Le « commun profit » excuse tout.
Il pleut des ordonnances partout
                    Applicables.

À la **mort** de Philippe le Bel,
Les barons rebelles
                    Montrent les dents,
Comme les grandes famines
Qui vers la tombe acheminent
                    Les pauvres gens.

Trois fils pour Philippe. Rien de plus facile
Que de perpétuer cette lignée virile,
                    Cette dynastie.
Mais où est-il ? Où est l'**héritier** mâle ?
À la guerre, près des râles ?
                    Là où le monde finit ?

Déçue, la cour se tourne vers d'autres cimes.
La porte se ferme pour l'Anglais légitime,
                    Édouard III.
C'est au cousin **Philippe** que l'on donne
Le trône, le pouvoir et la couronne,
                    Lui qui vient de Valois.

La grande **peste** a décimé une grande partie de la population d'Europe.

Charles VII de France, dit le Victorieux (qui régna sur la France de 1422 à 1461), a mis fin à la guerre de Cent Ans par des victoires successives. **Jeanne d'Arc**, ou la Pucelle d'Orléans, est une figure emblématique de l'histoire de France. Elle a levé le siège d'Orléans, inversant le cours de la guerre de Cent Ans.

Dans la pragmatique **sanction** de Bourges, une ordonnance royale, Charles VII s'est déclaré gardien des droits de l'Église en France.

Les **écorcheurs** étaient des mercenaires.

Édouard, jaloux, met le feu aux poudres.
La France est frappée par la foudre.
            La guerre ! La grande **peste** !
Un homme sur trois rejoint Lucifer.
Des villages entiers filent en enfer.
            La Terre jette du lest.

La victoire des Anglo-Bourguignons
Sur Charles le septième du nom
            Provoque **Jeanne d'Arc**, la rebelle.
Jeanne délivre Orléans, fait sacrer le roi,
Gagne à Auxerre, Châlons et Troyes
            Mais le bûcher se charge d'elle.

Le roi légitime ne laisse aucun répit
À ses adversaires. Il reprend Paris
            Et restaure son royaume.
Après la guerre d'un siècle, il passe à l'action.
À Bourges, il émet la pragmatique **sanction**,
            Du gallicanisme, le premier tome.

On élimine les **écorcheurs**.
La justice et le droit sortent de leur torpeur.
            De nouveaux parlements ravivent l'espoir.
À Toulouse, Grenoble, Bordeaux et Dijon,
La monnaie ne fait plus au peuple faux bond.
            Le roi protège les mines et crée les foires.

Guillaume Ier d'Angleterre, dit le Conquérant (1027-1087), a fait de son royaume le plus puissant d'Europe occidentale. Harold II d'Angleterre (1022-1066) a été le dernier roi anglo-saxon d'Angleterre. Il est mort à la bataille de Hastings, perdue contre Guillaume le Conquérant.

Henri 1er Beauclerc (1068-1135), roi d'Angleterre, a amélioré l'appareil législatif de son pays. **Henri II** d'Angleterre (1133-1189) a aussi participé à cette amélioration. Il était un des souverains les plus puissants de son époque.

Le roi gérait de nombreux domaines, dont ceux que lui avait apportés son mariage avec **Aliénor** d'Aquitaine.

Thomas **Becket** (1118-1170), archevêque de Canterbury, a engagé un conflit avec le roi d'Angleterre, Henri II, et a été assassiné par les partisans de celui-ci.

Les troupes de **Guillaume**, aguerries,
Hors de son duché de Normandie,
      Écrasent Harold, de Saxe le monarque.
Mais il faut maintes campagnes
Pour que le nouveau roi sable le champagne
      Et que l'Angleterre affiche sa marque.

À cette époque, la langue de Molière se niche
Dans les églises et les châteaux des riches.

Roi sans héritier, Henri 1er est défait
Par la puissance du premier Plantagenêt,
Henri II, dont l'Angleterre ne forme
De son pied géant que l'orteil énorme.

Sous son joug : l'Écosse, la Normandie,
Les terres d'**Aliénor**, qui partage son lit,
L'Écosse, la Touraine, l'Anjou,
L'Irlande, la Bretagne et les Galles. Voilà tout !

À cette époque, les gens d'Église,
Seuls à comprendre le latin, divisent
      L'empire aux rois escrocs.
La tête de **Becket** roule sur le plancher
De la cathédrale de Canterbury...
      On visite, depuis, son tombeau.

Édouard Ier (1239-1307) a conquis le pays de Galles et l'**Écosse**. Robert Ier, ou Robert Bruce d'Écosse, qui régna de 1306 à 1329, a affronté l'Angleterre et a permis à l'Écosse de proclamer son indépendance.

Une partie de la **France** est passée à l'Angleterre.

Des **barons** anglais émigrés, appuyés par les Communes, ont réussi à obtenir la *Grande Charte*, le premier document connu protégeant des libertés individuelles.

Les gens de Galles aux forêts infinies
Voient Édouard 1er pacifier leur pays
        Aux chefs belliqueux.
Édouard prend l'Irlande, mais, en **Écosse**,
Les hommes de Robert Bruce le rossent.
        Leur conflit devient furieux !

Aliénor apporte au roi, son mari,
Le sud-ouest de la **France**, alors soumis
        Au roi d'Angleterre.
Pour elle et lui, prestige, puissance...
Les coutumes françaises influencent
        Leurs vastes terres.

Le roi veille au grain partout.
Dans les comtés, ses shérifs contrôlent tout.
        La *common law* gère la rue.
Mais les **barons** poussent l'État féodal
Aux limites de sa logique fatale.
        L'Angleterre évolue.

La guerre de Cent Ans

LA GUERRE

Il s'agit de l'**union** d'Aliénor d'Aquitaine et d'Henri II d'Angleterre, en 1154.

Deux nations européennes indépendantes ont émergé de la **guerre** de Cent Ans : la France et l'Angleterre, jusqu'alors imbriquées et en lutte pour la domination territoriale de l'ouest de la France.

Jean II de France, dit le Bon (1319-1364), fut roi de France de 1350 à sa mort. Il a été fait prisonnier à la bataille de **Poitiers** (1356), en dépit du fait qu'il venait de lever une nouvelle armée. Le pays a ensuite sombré dans le chaos. Deux hommes, Étienne Marcel, le prévôt des marchands de Paris, et Robert Le Coq, membre du Grand Conseil de Jean le Bon, ont alors pris le pouvoir à Paris et essayé de faire en sorte que Charles II de Navarre (1332-1387) soit couronné.

L'**union** Aquitaine-Angleterre
Provoque un dur conflit centenaire.
      Les rois anglais, devenus vassaux
De la couronne de France, refusent ses ordres
Et déclenchent un terrible désordre :
      La guerre et tous ses maux.

Pour un grand conflit, une grande scission...
La **guerre** fait naître deux nations :
      Île et continent.
Adieu chevaliers, adieu nobles charges!
Sur les villes, les canons se déchargent.
      Tonnerre assourdissant!

Les Anglais capturent Jean le Bon à **Poitiers**
Et disloquent l'armée qu'il vient de lever.
      Le pays marche sur des charbons ardents.
À Paris, Le Coq et Marcel mènent
Les états généraux qui soutiennent
      Charles de Navarre, au trône prétendant.

Le traité de Brétigny a permis de libérer le roi, mais en échange d'un tiers du pays en **rançon**, au profit d'Édouard III.

Après l'évasion de son **fils**, Jean le Bon est retourné à Londres pour s'y constituer prisonnier.

Charles VI (roi de France de 1380 à 1422) a sombré dans la **folie**, tant et si bien qu'Henri V, le roi d'Angleterre, a dû assumer la régence de la France.

Jean sans Peur, ou Jean Ier, duc de Bourgogne, a failli reconstituer l'ancienne Lotharingie, un duché scindé en deux parties. C'est Henri V qui a gouverné la France entre 1413 et 1422.

Les Anglais, geôliers de Jean le Bon,
Compriment le royaume. La **rançon**
   Et la guerre haussent les impôts.
Les paysans, étouffés, n'en peuvent plus.
Finiront-ils mendiant dans la rue
   Pour un peu de pain et d'eau ?

La trêve engendre une calamité :
Des mercenaires pillent villages et cités.
   Le roi s'interpose, vengeur,
Mais, à Brignais, son armée échoue.
Son **fils**, otage, prend ses jambes à son cou.
   Puis, Jean obéit aux lois de l'honneur.

Les Français reprennent leurs terres perdues
Mais, pris de **folie**, Charles VI ne peut plus
   Tenir le fort.
Souffle le vent des rébellions.
En France, Armagnacs et Bourguignons
   Ébranlent les châteaux forts.

À Azincourt, Henri V et **Jean sans Peur**
Imposent le traité de Troyes. Horreur !
   La France change de roi.
Mais le dauphin renie l'entente
Et Jeanne d'Arc, toute puissante,
   Fait flèche de tout bois.

La France a repris d'importants domaines avant que la **guerre** ne se termine.

Louis XI, dit le Prudent (1423-1483), a tenté de stabiliser le royaume pendant son règne, de 1461 à 1483, en contenant entre autres l'expansionnisme de la **maison de Bourgogne**. Charles le Téméraire était duc de Bourgogne.

Puis, la Bourgogne redevient une alliée
De la France qui reprend Paris,
L'Aquitaine et la Normandie.
La **guerre** d'un siècle est terminée.

Louis XI mate et déjoue les princes insoumis,
Mais la **maison de Bourgogne** le contrarie,
     De l'échiquier seule pièce absente.
En cette période de croissance, le Téméraire,
Seul sur son haut roc de verre,
     Trépasse, ce qui enchante

Le souverain qui gobe le duché
Comme un crapaud l'insecte ailé.

LES VIKINGS ET

Les **Vikings** étaient des marins venus du nord de la Scandinavie.

Les Vikings étaient des aventuriers **intrépides** qui se comportèrent comme des pillards en attaquant les côtes. Ils étaient d'excellents marins et leurs armées étaient bien organisées.

Kiev est la capitale de l'Ukraine, tandis que Novgorod est une ville de **Russie**. Oleg le Sage était un prince varègue qui a régné sur Kiev de 882 à 913. Olga Prekrasa (890-969) a géré le pays pendant la minorité de son fils, Sviatoslav I (945-972), et même au-delà, jusqu'à sa mort.

LES NORMANDS (DE 800 À 1050)

LES NORMANDS

Odin, Thor, Freyja, Njörd et d'autres dieux
Protègent les **Vikings** de leur mieux.
  En Suède, depuis le lac Lagoda
Et la Baltique, ils remontent les cours d'eau,
Au besoin roulent leurs bateaux
  Jusqu'au Dniepr et à la Volga.

Hardis, **intrépides**, ils atteignent
Les rives des mers Noire et Caspienne.
  Ces marchands sans peur échangent
Esclaves, castors et zibelines
Contre des pièces de monnaie byzantines
  Et musulmanes, ou se changent

En mercenaires, et Constantinople profite
D'une toute nouvelle garde d'élite.
  Fondateurs de Kiev et Novgorod, les Varègues,
Menés par Oleg, Olga et Sviatoslav,
Donnent à leur État un nom scandinave:
  Russie, ce gigantesque legs.

Envahies par les Vikings vers la fin du VIIIᵉ siècle, les îles Orcades ont été dominées par les **Norvégiens**, puis par les Danois jusqu'au XVᵉ siècle.

Erik le Rouge (940-1010), héros de sagas scandinaves, était Norvégien et se nommait en réalité Eirikr Thorvaldson. Il avait les cheveux roux.

Les Vikings auraient tenté de coloniser **Terre-Neuve**, surtout pour en tirer du bois.

Les **Danois** étaient si bien organisés que leurs adversaires ne parvenaient pas à se défendre adéquatement contre eux.

Au-delà du cap Nord, les Orcades changent de camp,
Comme les Hébrides, les Shetland et Man.
        Tant d'îles sont prises !
L'Angleterre, proie de qualité,
S'offre aux **Norvégiens**, en Irlande installés.
        De Dublin souffle une froide bise...

En 860, au-delà des Féroé,
L'Islande, tel un spectre inespéré,
        Offre sa grève aux bateaux.
Erik le Rouge part à la découverte
Au large et atteint la « terre verte »,
        Le Groenland au climat chaud.

On marche sur la terre de Baffin,
Au Labrador et à **Terre-Neuve**, jusqu'au matin
Où la nature frigorifie
Herbes, rongeurs et colonies.

Devant la menace carolingienne, les **Danois**
Dominent la mer du Nord et sèment l'effroi
        Parmi les moines cloîtrés,
Les cités anglaises et le royaume franc
Dont les armées ne versent pas de sang,
        Stupides et empotées.

Les rois et **comtes** européens payaient régulièrement des redevances aux Vikings pour éviter que ceux-ci ne les attaquent.

La **Frise** est une région historique du nord-ouest de l'Europe.

Vers 840, sur la Seine, la Loire,
La Garonne et le Rhône, leur gloire
       Fait trembler les hommes.
Rois et **comtes** ne peuvent que constater
Les dégâts et, avec réticence, acheter
       La paix, en somme !

En **Frise**, ils créent de petits États
Et reçoivent du Simple, Charles III,
       Les terres des Normands.
Mais la résistance prend de l'ampleur.
L'Angleterre chasse l'envahisseur.
       La Normandie se fond à l'Occident.

Les Burgondes étaient un peuple germanique originaire de Norvège. Philippe de Rouvres, ou Philippe 1er de Bourgogne (1349-1361), est mort prématurément, ce qui a permis à Jean II, dit le Bon, de reprendre le **duché**.

Charles V, dit le Sage (1338-1380), roi de France de 1364 à sa mort, a défendu et restauré l'autorité royale lors de la guerre de Cent Ans.

À cette époque, la **Bourgogne** et la Bretagne menaçaient l'unité française. C'est pourquoi Charles V voulait les abattre.

Les ducs étaient de grands protecteurs des **artistes** et des arts. Ils s'entouraient de luxe et d'une noblesse soumise, pour laquelle ils donnaient des soirées fort divertissantes.

(AUX XIVᵉ ET XVᵉ SIÈCLES)

BOURGUIGNONS

Lorsque chute le royaume des Burgondes,
On crée deux royaumes, puis on fonde
      Un comté et un **duché**.
Quand meurt Philippe de Rouvres, sans fille
Ni fils, la France reprend le duché qui brille
      De l'éclat de ce justicier.

Que d'alliances ! Que de legs ! Quel empire !
Des Pays-Bas à la Saône, les ducs respirent
      Le parfum de l'indépendance.
Lorsque **Charles V** s'éteint, Philippe le Hardi,
Des Anglais un des pires ennemis,
      Du royaume assume la régence.

À Nancy, Charles, dit le Téméraire,
Sans la couronne retourne à la terre.
La **Bourgogne** tombe aux mains des riches :
Le onzième Louis et la maison d'Autriche.

Les ducs, aux châteaux magnifiques,
Commandent aux **artistes** des œuvres uniques,
      Au goût du jour.
Ils tiennent des fêtes qu'on dit magiques,
Aux mises en scène mythologiques,
      Et aux beaux troubadours.

Le roi **Charles VI** a souffert d'importants troubles psychologiques qui ont failli causer la disparition de la France.

Jean sans Peur (1371-1419) a créé le parti des **Armagnacs** et a déclenché une guerre civile à Paris.

Charles de Valois-Bourgogne, dit le **Téméraire** (1433-1477), était duc de Bourgogne et rêvait de devenir roi. Jamais son rêve ne s'est réalisé.

Les **États bourguignons** se sont effondrés devant le roi.

Philippe le Hardi demeure l'ennemi
Des Anglais quand il gère le pays,
        Le jeune **Charles VI** est fou à lier.
Louis, frère du roi, duc d'Orléans,
Conteste sa régence ouvertement :
        S'ouvrent les hostilités !

Le fils de Philippe, Jean sans Peur,
Fait assassiner le duc. Horreur !
        Il revendique la mort du tyran.
La famille d'Orléans prépare, maniaque,
Sa vengeance aux côtés des **Armagnacs**...
        Jean meurt, les yeux béants...

Philippe le Bon reconnaît Louis XI, mais
Charles le **Téméraire** met la main au collet
        De Sa Majesté.
Il arrache des concessions au roi
Humilié, brisé, sans autre choix
        Que de plier...

Les territoires des **États bourguignons**,
Immenses après tant d'expansion,
        Deviennent la cible du souverain vengeur.
René de Lorraine, un allié de Louis,
Écrase les armées bourgognes à Nancy.
        Le roi est vainqueur.

Maximilien I (1459-1519) a été roi des Romains, puis empereur du Saint Empire romain germanique, de 1508 à sa mort.

LE FÉODALISM

Les seigneurs étaient les propriétaires de l'ensemble des **terres**.

Les **vassaux** étaient des hommes libres soumis à un seigneur par la cérémonie de l'hommage.

Quand Charles tombe au combat,
Louis se comporte en scélérat
  Et s'empare du duché.
L'ombre de **Maximilien** couvre la France.
Les deux belligérants intenses
  Luttent, puis signent un traité.

(DU Xᴱ AU XIIᴱ SIÈCLE)

LE FÉODALISME

Après une ère faste,
  Les Carolingiens
Voient leur empire vaste
  Rompre ses liens.
Propriétaires fonciers,
  Ou fonctionnaires,
Ceux qu'on nomme « avoués »
  Dominent les **terres**.

Sans cadre et sans attaches,
  Les seigneuries
Imposent à tous des tâches :
  L'homme est soumis.
À genoux rendent hommage
  Tous les **vassaux**.
Communautés et villages
  Subissent les assauts

Les guerres mutuelles impliquaient les **nobles**, entre eux.

À l'époque, les prêtres disaient la messe et priaient pour tous, les guerriers protégeaient la communauté, les églises et le peuple, tandis que les **paysans** travaillaient toute leur vie, en servant les autres.

Les guerres contre les Anglais ont ruiné un grand nombre de **seigneuries**, provoquant la chute du système féodal.

Des **nobles** en querelle :
Le grand désordre !
Les guerres mutuelles,
Puis les « trois ordres ».

Chacun sa place, chacun son rang.
Les clercs au-dessus des vivants,
Pour la prière.
Duels et combats pour les guerriers,
Labeur pour les **paysans** fatigués
Par la Terre.

Chevaliers et tournois,
Les troubadours
En ce monde courtois
Choisissent l'amour.
Puis, leur rêve se dissout,
Les vassaux fuient.
Les **seigneurs**, sans le sou,
S'enfoncent dans la nuit...

LES CITÉS-ÉTATS ITALIENNES

LES CITÉS-ÉTATS

En Italie, les représentants du **Saint Empire** romain germanique n'étaient présents qu'en cas de crise.

Les *signorias* étaient l'équivalent, en Italie, des seigneuries du système féodal.

Le terme *ciompi* désignait les gens les plus pauvres.

(DE 1170 À 1797)

Au centre et au cœur de l'Italie,
L'empereur du **Saint Empire** ne vit
Que lorsqu'il sème l'épouvante.
Des villes célèbrent leur autonomie,
Dont Venise, Florence et Amalfi,
Riches et puissantes.

Les républiques de la péninsule
Voient les podestats remplacer les consuls,
Alors que dans les *signorias*,
Les seigneurs, arbitres fragiles,
Imposent leur pouvoir sur des villes
Qui deviennent des principats.

(DE 1338 À 1569)

À Florence, on remplace tous les magnats,
Maîtres déchus, par le peuple gras.
La ville est divisée.
Et dans son ciel orageux on peut lire
Sur d'obscures fumées toute l'ire
Des *ciompi* révoltés.

Les Albizzi et les **Médicis** étaient de puissantes familles de Florence. Jérôme Savonarole a provoqué l'expulsion des Médicis. Léon X était un pape.

Les **marins** des différentes villes ont saccagé plusieurs ports.

La rivalité entre **Venise** et Gênes était féroce.

Les **Turcs** ont anéanti ces empires fragiles, perpétuellement menacés. Ils ont repris, entre autres, Chypre en 1570, la Crète en 1669, et la Morée en 1716.

Après les Albizzi, les **Médicis** culminent,
Mais Jérôme Savonarole fulmine
       Et les expulse de la cité.
Après la mort de Jérôme par le feu, Léon X
Rejoint Alexandre de Médicis
       À la tête d'un nouveau duché.

Du grand commerce vivent les villes.
Sur la Méditerranée, les musulmans hostiles
       Les forcent à faire escale.
Venise domine grâce à Raguse.
La Corse et la Sardaigne accusent :
       Les **marins** sont des vandales !

Du Caire à Constantinople, **Venise**,
Amalfi, Gênes et Pise
       Profitent de toutes ces places.
De l'océan tumultueux émergent
Venise et Gênes, dont les plans divergent :
       Deux colosses face à face.

Les puissances, comme la matière,
Tombent et, modifiées par la Terre,
Prennent toutes sortes de formes
Jusqu'à l'arrivée des **Turcs** énormes.

Les royaumes ibérique

LES ROYAUMES IBÉ

La **péninsule ibérique** est située au sud-ouest de l'Europe. Les monts Cantabriques se trouvent en Espagne.

Les chrétiens ont repris plusieurs terres lors de la **Reconquista** (Reconquête).

Alphonse VI de Castille a remporté de grandes batailles, mais est mort de chagrin au décès de son fils, Sanche, lors de la bataille d'Uclès, en 1108. C'est sous son règne que vécut le Cid, Rodrigo Díaz de Bivar, chevalier mercenaire espagnol qui inspira de nombreuses œuvres dramatiques, dont la célèbre pièce de théâtre de Pierre Corneille en 1636.

À l'ouest de la **péninsule ibérique**,
Au cœur des monts Cantabriques,
        Des chefs wisigoths se camouflent.
Partout, musulmans et chrétiens luttent.
Cordoue à la résistance se butte
        Jusqu'à son dernier souffle.

Au Douro, l'islam se replie.
À l'est, Charlemagne enfin réussit
        À prendre Babylone.
Deux siècles qui morcèlent Al-Andalus.
Les chrétiens reprennent leurs sols perdus.
        La **Reconquista** étonne.

Tolède lourdement tombe.
Debout, parmi les catacombes,
        Alphonse VI bat l'islam.
Mais la paix ne peut durer,
Les Juifs sont massacrés.
        Autre époque, pareils drames...

Les comtes **catalans** voulaient augmenter leurs possessions autant que possible.

Aragon est une région d'Espagne. Roger de Flor était un chevalier d'origine allemande, chef des Almogavres, ces soldats mercenaires au service de la couronne d'Aragon-Catalogne.

Michel IX Paléologue (1277-1320), empereur byzantin de 1295 à 1320, a fait assassiner **Roger de Flor**, ce qui a provoqué la colère des Catalans.

On estime que la **peste** noire a décimé la moitié de la population européenne de l'époque, soit vingt-cinq millions de personnes.

Dans le midi de la France,
Les comtes **catalans** commencent
      À tout s'approprier.
Ceux qui règnent à Barcelone
Achètent la belle Carcassonne,
      Obtiennent la Provence et Montpellier.

Quand les Français arrivent,
Les Catalans reluquent d'autres rives...

Les rois d'**Aragon** sont dominants
Sur la mer tyrrhénienne, au détriment
      Des Français frustrés.
Dans la longue chaîne des Balkans,
Aragonais et Catalans,
      Par de Flor dirigés,

Se font remparts de Byzance
Contre les Turcs dont la puissance
      Diminue.
Le meurtre de **Roger de Flor** provoque
Catalans et Byzantins qui s'entrechoquent
      Et s'entretuent.

Pendant deux siècles, les crises frappent.
L'Occident entier dérape :
      Les guerres civiles et la **peste**.
Chaque royaume lorgne ses voisins.
« Aux Juifs la faute », disent les chrétiens.
      Partout d'ignobles gestes.

La peste noire a aussi décimé l'**Espagne**, en particulier l'Aragon.

Isabelle Iʳᵉ de Castille (1451-1504) et Ferdinand II d'Aragon (1452-1516), qui régnèrent à compter de 1474, ont réorganisé le tribunal de l'**Inquisition** qui a réprimé les Juifs, entre autres.

Christophe **Colomb** a été le premier Européen de l'histoire moderne à traverser l'océan Atlantique.

Les greniers de la Castille se vident.
La peste noire, charognard avide,
   Toujours gagne.
Et une fois les villages purifiés,
La Castille vise le titre tant convoité :
   Première puissance d'**Espagne**.

Isabelle et Ferdinand, un jour, joignent
Ces deux couronnes d'Espagne :
   Castille et Aragon.
Les Juifs, bien que convertis,
Sont sans relâche poursuivis
   Par l'horrible **Inquisition**.

Au-delà de la péninsule,
La belle Grenade capitule,
   Comme plusieurs ports d'Afrique.
La Castille vogue sur l'Atlantique.
Colomb découvre l'Amérique
   Quand dominent les rois catholiques.

Imprimé sur du Rolland Enviro100, contenant 100% de fibres recyclées postconsommation, certifié Éco-Logo, Procédé sans chlore, FSC Recyclé et fabriqué à partir d'énergie biogaz.

La production du titre *La saga du monde, tome 2* sur du papier Rolland Enviro100 Édition, plutôt que sur du papier vierge, réduit notre empreinte écologique, aide l'environnement et nous permet de sauver 2 arbres de nos forêts anciennes.

Québec, Canada,
août 2009